Natur-
Pfad
Zeit

2.

Die Natur heilt mit ihrer Schönheit und ihrem Mysterium. Lasse es geschehen, dass sie Dich ver-wundert und erhebt und heilt und wohl sein lässt.

3.

Die Natur lehrt uns, dass wir Durcheinander und Chaos benötigen, um die Bedeutung von Harmonie zu verstehen. Wir brauchen Winter, um Sommer zu verstehen. Nimm Chaos und Harmonie in Deinem Leben gleichermaßen an.

Elfen
Tal
Kerzen
Manuf.

4.

Ganz besonders im Frühling bietet uns unsere natürliche Umwelt nichts weniger als eine Geographie der Hoffnung. Lass Deinen Geist hochsteigen, während die neuen Winde Deinen Sinnen neue Wunder entgegentragen.

5.

Die Schöpfung inspiriert uns,
indem sie den Schöpfer spiegelt.
Sieh Dich als besonderen Teil davon
- denn Du bist es.

6.

Die Natur heilt die Zerrissenheit und die Brüche, die wir in uns finden, und gleichzeitig spiegelt sie diese auch wieder. Finde Trost in der schrecklichen Schönheit und grimmigen Wildheit vieler Landschaften der Erde.

7.

Die Natur vermittelt uns einiges von den Kontrasten des Lebens: Regen und Sonnenschein, Hitze und Kälte, feucht und trocken, wild und zahm, Blüten und Dornen, Leben und Tod. Das, was uns all dies beibringt, im Blickwinkel zu haben, ist unschätzbar für die Auf und Abs unseres täglichen Lebens.

8.

Die Melodie der Natur ist eine, zu der wir steppen können. Wir kennen sie nur zu gut in unserem wahren Wesen, auch wenn wir sie zeitweilig vergessen. Mache Dir den Rhythmus, das Wogen und Strömen des Lebens wieder zu Eigen. Vermische dich damit und lasse dieses Damit-Vertraut-Umgehen und Darin-Eintauchen Dir Harmonie und Frieden bringen.

9.

Wir berühren die eigentliche Kraft des Lebens, wenn wir im feinen Regen spazieren gehen, auf einen Baum klettern oder ein Fahrrad durch den Wind lenken. Geh und spiele.

10.

Die Freuden und das Entzücken, welche die Natur schenkt, liegen in den Details und im ganz Gewöhnlichen – wo sich Gott findet. Genieße diese alltäglichen Wonnen im Schatten eines Baumes, im Geruch frisch gemähten Grases, im sanften Glucksen und Gluckern eines Flüsschens und im zwitschernden Lied ganz gewöhnlicher Spatzen.

11.

Die Natur lässt Deinen Geist sich bis zum fernen Horizont ausdehnen, Deinen Körper sich mit der Schöpfung mischen und Deinen Spirit in neue Höhen emporsteigen. Gib Dich selbst völlig hinein!

12.

Ob Du Deinen Anspruch so weit steckst, dass alles umfasst ist, oder ob Du nur einen klitzekleinen Flecken der Erde „beanspruchst", der Erde Fülle und Freigebigkeit ist Dein. Geh hin und erforsche sie, und bringe Deinen Dank zum Ausdruck.

13.

Vergiss nicht, dass auch Du durch und durch ein Teil der natürlichen Welt bist, und somit ein Geschöpf mit Zyklus und Rhythmus und Jahreszeit. Achte und beachte die Rhythmen des Tages, die Gezeiten des Jahres und die Zyklen Deines Lebens.

14.

Wir ehren Gott und die Schöpfung
nur, wenn wir sie bemerken.
Gib acht.

15.

Die Anblicke, Gerüche und Klänge der Natur .... Deine wildesten Hoffnungen können „da draußen“ überboten werden. Liebe alles Lebendige, sei's nun drinnen oder draußen.

16.

Wir können <u>in</u> die Natur <u>gehen</u>, um von unseren Altagsstress, unseren Problemen und Geschäftigkeiten <u>herauszukommen</u>. Entspanne Dich und erneuere Dich dadurch, dass Du der Schöpfung aufs Neue zum ersten Mal begegnest.

17.

Das Heilende der Natur ist in ganz gewöhnlichen Wundern zu finden. Schau in Deinen Hintergarten.

18.

Eine der besten Arten und Weisen, den Schöpfer kennen und lieben zu lernen, ist es, die Schöpfung kennen und lieben zu lernen. Blühe auf und gedeihe mit dem, was lebendig ist.

19.

Die Natur lehrt uns die Kunst, zu sein statt zu tun, zu erfahren statt zu besitzen. Koste entspannt Mußezeiten aus. Genieße sie jetzt, koste den gegenwärtigen Moment aus, ohne auch nur zu versuchen, irgendetwas „mehr“ daraus zu machen.

20.

Wir müssen nicht in einen Nationalpark wandern oder einen botanischen Garten besuchen, um Natur zu genießen. Wir müssen nur manchmal bereit sein, „runterzukommen" und uns schmutzig zu machen.

21.

Die Natur zeigt uns, dass Veränderung gut sein kann und dass Veränderung unvermeidlich ist. Wenn eine Rose ihre Blüten verloren hat, dann kommt vielleicht eine andere in Blüte.
Heiße Veränderung und Wandel willkommen oder warte auf die nächste Veränderung, die sich einfach ereignet.

22.

Was die Natur betrifft, ist es halb so wichtig zu wissen als zu fühlen. Gehe hinaus und lege dich im Gras auf den Bauch. Du kannst das Gutsein der Schöpfung fühlen.

23.

In der Natur lernen wir über Ko-Existenz, wechselseitige Abhängigkeit, gegenseitigen Beziehungen - und Verwandtschaft.
Gehe hinaus und stelle Dich dem Rest der Familie vor!

ELFENBERG
STREICHEL
ZOO

24.

Vielerlei Einzelheiten und Besonderheiten zu lernen über Flossen, Fell und Federn, wird Dir helfen, Deine Wertschätzung der Natur noch weiter wachsen zu lassen. Studiere, beobachte, schmecke, berühre, lese ... das Leben, und lausche ihm zu.

Elfenberg
STREICHEL
ZOO
Naturkundliche
Show
12:00 - 2:00 - 4:00

25.

*Die Natur ist Gottes üppigstes,
aufwendigstes Geschenk an uns.
Lasse dieses Geschenk Balsam für
Deine Seele sein.*

26.

Das große „Draußen" ist der Welt bestes Klassenzimmer. Erforsche einen Teich oder eine Prärie, ein Insekt oder eine Feder, und lerne über das Leben und die Liebe und alles, was wirklich zählt.

27.

Nimm einen Standpunkt für die Erde ein – und für die Kinder Deiner Kinder, die auf ihr gehen werden. Wir müssen alle Amateur-Naturkundler werden, Amateur-Ökologen, Natur- und Umweltschützer, um unseren schönen Planeten zu retten.

28.

Die Wildnis hat die Macht, alles von uns abzuschälen und abzustreifen und uns zu dem zu führen, was tief <u>in</u> uns ist. Wenn Du da bist, lausche auf das einzige, das noch übrig ist: Dein Herz und der Klang Gottes, die vielleicht zu Dir sprechen.

29.

Gehe barfüßig. Es werden sich Dir tolle neue Kontake erschließen.

30.

Die Erde hat eine heilende Macht, um in unserem emotionalen und spirituellen Leben Ausgewogenheit wiederherzustellen. Lasse die Sonne Dich durchwärmen, lasse Himmel und Sterne Dich führen, lasse den Schöpfer Dich heilen.

31.

Die Natur lehrt uns, dass Besonnenheit, Vorbereitetsein und Geduld sich auszahlen. „So wie wir säen, so werden wir reifen." Säe gute Samen.

SAMEN

32.

Die Natur ist voller Widersprüche und Überraschungen - genauso wie wir selbst. Finde Trost und Erquickung in der Tatsache, dass aus Dunkelheit und Verfall köstliche, saftige Waldbeeren und Erdbeeren entstehen.

33.

Man kann großes Vergnügen finden darin, die Natur erforschend nach Pflanzen zu „jagen“ und sie beim richtigen Namen zu nennen. Gehe auf eine Feldforschungsreise und lasse dabei Deinen Intellekt ebenso zum Zug kommen wie Deine Sinne.

34.

Ein guter kräftiger Sturm kann uns aufwecken, den Himmel aufklären und eine Menge Abfall und Bruchstück fortschwemmen. Lass Donner und Blitz einen neuen Tag für Dich verkünden.

35.

Die Natur spricht die Wildnis in uns selbst an ... das heilige Wilde in uns. Lasse diese Wildnis immer wieder einmal ausbrechen, auf gesunde Weise - durch Bergsteigen oder Wandern oder indem Du Deine Begeisterung und Deinen Überschwang die Hügel hinauf und in die Täler und Schluchten hinunter erschallen lässt.

Hall-Tal
Hügel

36.

Sonne und Mond, Wolken und Himmel, Sterne und Planeten. Wir sind dazu angelegt, hinunter- und hineinzugraben, aber auch hinaufzublicken und uns empor-zuschwingen.

BIGS

37.

Um das Göttliche zu sehen, musst Du Dich manchmal nur im Garten umsehen und Deinen Blick der Natur zuwenden. Zu sehen, was einen umgibt - summende Insekten, sandige Küstenstreifen, Nebel in dunklen Wäldern - das ist der Ort, um es zu beginnen.

38.

Natur stellt wieder her. Mögen ihre endlos wiederkehrenden Zyklen und Jahreszeiten uns heilen, uns anfeuern und aufmuntern und uns mit neuerlicher Kraft an Leib und Seele aufladen.

Die Geschichte der Elfenhellfer-"Elfen"

Die einnehmenden „Zwelfen"-Gestalten, welche die „Elfenhellfer"-Publikationen des *Sequoyah-Verlages* bevöl-kern, erschienen erstmals 1987 auf den Seiten eines klei-nen Selbsthilfe-Buches von *One Caring Place,* St.Meinrad, Indiana, das sich „Sei-gut-zu-Dir-Therapie" nannte.

Vom Mitarbeiterstab „geschaut" und entworfen und aus einem auf Deutsch nicht gänzlich wiederholbaren Wortspiel zwischen Elf-Help (Elfen-Hilfe) und Self-Help (Selbst-Hilfe) aufgetaucht, haben die „Zwelfen" in den einfallsreichen Illustrationen von R.W.Alley ihre endgültige Gestalt erlangt und lebten erstmals die sanften Ratschläge der Autorin Cherry Heartman (und weiterer Verfasser) mit Charme, Treffsicherheit und Humor vor. So haben die „Elfenhellfer" begonnen, uns mit erhellenden EinSichten und AusSichten zu „hellfen", das Leben lichter und unmittelbarer zu sehen. Unter der Devise „Heller statt schneller" geben sie uns „LebensMittel" an die Hand und ans Herz, die sich als wahrhaft nahrhaft für das Gedeihen unseres eigentlichen Wesens und als recht wesentlich für unser DaSein erweisen.

Sie bereichern uns mit „Gehfühlen" und „Gehdanken" die unseren seelischen Himmel aufklären können und die mit der warmen Weisheit und dem leuchtenden Ge-Wahrsein unserer Herzen in wohltuende Resonanz treten.

Der Widerhall bei den Lesern war so enthusiastisch, daß bald schon mehr Elfenhellfer-Selbsthilfebücher auf dem Weg waren; eine immer noch wachsende Reihe, die auch eine Anzahl verwandter „Gehschenk-, Gehspür- und Gehdenk"-Artikel inspirierte.

Dem überaus liebenswerten Charakter der ersten Bücher, der mit Vergnügen seine „Zwelfen"-Mütze trägt, die von einer lebhaften, alle Stimmungsänderungen mitmachenden Kerze gekrönt ist, hat sich inzwischen ein beherztes weibliches Elfenwesen mit Blumen im Haar angeschlossen.

Diese zwei überschwenglichen, feinfühligen, findigen, warmherzigen und liebenswerten Geister - zusammen mit ihrer lebhaften „Zwelfen"-Gemeinschaft - berühren und enthüllen uns, was wirklich wichtig ist, indem sie Bot- schaften von Freude und Ver-Wunderung, von spielerischer Munterkeit und von Mitschöpfung, von Ganzheit und heiterer Gelassenheit vermitteln, Botschaften vom Wunder des Lebens und vom Mysterium der Göttlichen Liebe.

Wir kommen dabei „auf manchen dieser Seiten des Lebens" ohne viel Aufhebens, aber spürbar mit dem Allguten, durch das alles, was ist, ist, in Berührung. In personaler oder alles Personale übersteigender Weise können wir erfahren, daß Er-Sie-Es uns alle samt und sonders in sich birgt. Wie es denn - alles abrundend - in dem Elfenhellfer *„Ein einfacheres Leben"* ohne Umschweife heißt: „Wisse, daß Dein wahres Zuhause in der heiligen Gegenwart liegt. So einfach ist es."

Mit verschmitzter Stimmigkeit, vergnüglicher Weisheit und großer Herzenswärme demonstrieren die kleinen Zwelfen-Geschöpfe mit den etwas längeren Nasen den Elfenhellfer-Weg zu einem reichen und erfüllenden Leben.

Elfenhellfer.....und das Leben lächelt Dir zu!

Sei gut zu Dir (ISBN 3-8546 6- 000-6)

Der originale Bestseller, der die populäre Elfenhellfer-Bewegung ursprünglich ausgelöst hat! Für alle jene, die sich an der Wahrheit ihrer eigenen Liebens-Würdigkeit zu erfreuen wünschen. Die Autorin und Sozialarbeiterin Cherry Heartman wirft einen wohlgemuten Blick in die positive Macht echter Selbst-Liebe und gibt 37 weise und bezaubernd illustrierte „Hellfer", wie man mit dem Alltag zurechkommen und dabei ehrlich, ganz und liebevoll leben kann.

Dein inneres Kind Erinnern (001-4)

Machst Du Dir ständig Sorgen über die Vergangenheit oder hast Du Angst vor der Zukunft? Dein inneres Kind zu erInnern und immer nur einen Tag auf einmal zu nehmen hilft Dir, Dich nur auf einen einzigen Tag auszurichten - den heutigen Tag. So erweckst Du Deine Zuversicht als ein begabtes Kind Gottes - glücklich, geliebt und schöpferischer Lenker Deines eigenen Lebens.

Ein einfacheres Leben (002-2)

Das Leben ist eine komplizierte Angelegenheit. Zuviel zu tun, zuwenig Zeit. „Ein einfacheres Leben" bietet einen Weg mitten durch die komplexe komplizierte Verwickeltheit in unserem Leben und lädt uns ein, dieses unser Leben auf seine Essenz zurückzuführen und dabei seine einfacheren Geschenke, Freuden und Vergnügen widerzuentdecken.

Bleib guten Mutes (003-0)

Für alle jene von uns, die sich alltäglichem Ungemach und Rückschlägen gegenübersehen. Dieser Elfenhellfer bietet wundervoll illustrierte Reflexionen, die „hellfen", den Geist aufzurichten und stark zu machen. Sie unterstützen Dich dabei, eine Haltung der Hoffnung wachsen zu lassen und diese zu einer heilsamen Gewohnheit zu machen.

Lasse Dir Zeit (004-9)

Dieser Selbsthilfe-Führer für hastige, hastende Leute enthält 35 konkrete und handfeste Ideen, die Dir hellfen mögen, etwas wiederzugewinnen, was Du bereits besitzt: Zeit, genügend Zeit. Du wirst Deinen eigenen Weg zu einem friedvolleren, entspannteren Gebrauch von Zeit finden, selbst in den allergeschäftigsten Situationen.

Loslassen im Annehmen (005-7)

Für jene, denen es schwerfällt loszulassen, sowie für jene, die damit ringen, sich mit der „Gebrochenheit" des Lebens auszusöhnen, liegt hier ein köstlicher, inspirierender und befreiender Führer zu spiritueller Wegfindung, seelischem Wohlbefinden und heiterer Gelassenheit vor. Eine Reise in Richtung einer lebensbejahenden, heilsamen Sichtweise, die spürbar an das Wesen von Wieder-ganz-werden und echtem Wohlergehen rührt.

Elfenhellfer......Geschenke für ein lichtes Leben!

Sei gut zu Deiner Ehe (ISBN 3-85466-007-3)

Dieser „Elfenhellfer" für verheiratete Paare ist ein warmherziger Führer für jene, die grundlegende Regeln von Liebe und Romantik kennen, aber einer gelegentlichen Ermutigung bedürfen, um das Knistern und die Freude ihres gemeinsamen Lebens wieder anzufachen. Ratschläge, die Hand und Fuß haben und praktisch erprobt wurden von Paaren, die sie als wahr und wirksam erfahren haben.

Sei gut zu Deinem Körper (006-5)

Während wir auf Pfaden persönlichen Wachstums und Wegen der Transformation unterwegs sind, übersehen wir oft eine lebenswichtige Komponente, die uns auf dieser Reise begleitet - unsere Körper. Und wie wir uns in unserem Körper fühlen, hat seinen Einfluß auf unser ganzes Da-Sein. Dieser „Elfenhellfer" ist eine wahre Quelle gesunder, stimmiger Körper-Weisheit, eine ganzheitliche Herangehensweise an Fitness als den äußeren Ausdruck innerer Freude.

Spiele Dich frei (010-3)

Mit fröhlichen Illustrationen und ermutigenden Hinweisen erinnert uns der Autor, daß es „in Ordnung ist zu spielen und glücklich zu sein". Gott spielte uranfänglich mit grenzenlosen Möglichkeiten - einschließlich Dir - und es war gut.

Alles Gute zum Wieder GeburtsTag

Hier findest Du eine wunderbare Einladung zu einer sinnvollen Feier dieses besonderen Tages, an dem der Autor des Lebens einen jeden von uns - wieder - in die Geschichte einschrieb. Mit Tiefe und Gefühl, aber jenseits von Klischees und Sentimentalität, erforscht „Alles Gute zum Wieder-Geburtstag" die vielen Dimensionen von Geburtstagen - wie Dingen ins Auge zu blicken, die man bereut, über die Würdigung der Gegenwart bis hin zum offenen Willkommenheißen der Zukunft. Diese unnachahmliche „Elfenhellfer-Mischung" aus Zwelfen-Charme und lebendiger Resonanz macht diesen gehaltvollen „Geburtstagsgruß" zu einem idealen Geschenk. (009-X)

Feiere Dein Frau-Sein (008-1)

Feiere die einzigartige Erfahrung und die vielfältigen Gaben, die darin liegen, eine Frau zu sein. Dieses zauberhaft illustrierte Büchlein schäumt über mit einer bejahenden und ermächtigenden Botschaft für Frauen jeden Alters und in jedweder Lebenssituation.

Vertraue Deiner Trauer (011-1)

Der Tod eines geliebten Menschen hat eine machtvolle und bedeutende Auswirkung auf unser Leben. Dieses Büchlein bestärkt jene, die trauern, daß ihr Schmerz zu einer tiefgreifend verwandelnden Heilung werden kann.

Elfenhellfer.....und das Leben lächelt Dir zu!

Aus ganzer Seele leben (ISBN 3-85466-015-4)

das Leben ist ein unglaubliches Geschenk. Alltagsroutine und alle Arten von Schwierigkeiten können dazu führen, daß wir unser umfassendes Gewahrsein und unsere segensvolle Mitte verlieren. »Aus ganzer Seele leben« ist ein einziger erfrischender Weckruf, leidenschaftlich und absichtsvoll und wach zu leben.

Beflügelt Lehrer sein (013-8)

Lehren kann eine zähe und anstrengende Sache sein; es stellt große Anforderungen und ist sicher mehr eine Berufung als ein Beruf. Die weisen, inspirierenden Worte und eindrücklichen Illustrationen dieses »Elefenhellfers« können den Enthusiasmus eines jeden, der lehrt, wieder erneuern.

Sei gut zu Deiner Familie (014-6)

Es kann heutzutage schon hart sein, eine Familie zu sein. Kultureller und finanzieller Druck, wettstreitende Anforderungen, sich verschiebende Werte machen ein Familienleben zu einer größeren Herausforderung als es das je war. Feiere trotzdem die Freuden und Wunder, den Segen und die Einzigartigkeit Deiner Familie mit »Sei gut zu Deiner Familie«.

Freundschaft entfalten (016-2)

Mit herzerfrischenden Illustrationen und tiefgehenden Gedanken ermöglicht Dir dieser »Elfenhellfer« voller zu verstehen, was es bedeutet, Freund zu sein - mit all seinen Freuden und Herausforderungen. Wahrhaftig und ermutigend ist »Freundschaft entfalten« ein herausragendes Geschenk für Dich selbst wie jemanden, der Dir am Herzen liegt.

Neues Baby - Neues Leben (012-x)

Herzliche Gratulation zu Eurem neuen kleinen Bündel voller Segnungen! Kein Zweifel, Ihr seid überwältigt von Freude - und sehr wahrscheinlich auch von Erschöpfung! Dieses bezaubernd illustrierte Büchlein wird Euch hellfen, aus dieser besonderen Zeit das Beste zu machen - und auch mit dem Schwierigsten dabei zurechtzukommen.

Dem Stress heilsam begegnen (017-0)

Mit kurzen, gesunden Ratschlägen und Zeichnungen, die das Herz leicht machen, schenkt dieses kleine einzigartige Buch praktische, effektive und einsichtsvolle Anleitung, wie wir Stress erkennen und lebensförderlich handhaben können; wie wir in Kontakt bleiben können mit unseren wahren inneren Werten und dabei eine seelische Heiterkeit erlangen, die uns noch in Zeiten ärgsten Stresses dienlich ist.

Elfenhellfer.......Geschenke für ein lichtes Leben!

Erfüllende Arbeit (ISBN 3-85466-019-7)

Hier geht es um die Bedeutung und den Wert der Arbeit im weitestmöglichen und lebensfördernden Kontext. Praktische Weisheit in reicher Fülle für alle Gebiete von Mit-Schöpfung und Zusammenarbeit bis zu gesundem Umgang mit Stress. Diese „Arbeitstherapie" kann gute Arbeit für Dich leisten!

Elfenhellfer für voll beschäftigte Mütter (018- 9)

Aus diesem wunderbaren Handbuch und Geschenkbuch für alle Mütter: „Widerstehe dem Drang, Dich mit anderen Müttern zu vergleichen. Gott ließ Dir diese Familie zuteil werden (und schenkte Dich ihnen) aus einem besonderen Grund. Du hast alles, was Du brauchst, um eine liebende, sorgende Mutter zu sein." 38 einsichtsvolle „Hinweise, wie es sich gut Mutter sein läßt!"

Sich im Garten wieder finden (020-0)

Ein Elfenhellfer so frisch wie der Frühling, der die viele Weisen betrachtet, wie Gärtnern Licht und Leben in unsere persönlichen Welten bringt. Im Sinne des chinesischen Sprichwortes „Ein Buch ist wie ein Garten, den man in der Tasche trägt", ist es ein sanfter „Einsteck"-Therapeut für die Hosentasche. „Gärten lehren, Gärten erquicken, Gärten lassen uns wachsen. Kümmere Dich um Deinen Garten, und die ganze Welt verwandelt sich.......und strahlt!"

Wieder gesund werden (021-9)

Kann Dein Führer sein, um Krankheit mit Deinem ganzen Sein gegenüberzutreten. Seine besänftigenden Worte und „ein-leuchtenden" Illustrationen werden Dich während des ganzen Verlaufs Deiner Genesung ermutigen und inspirieren, durch Unsicherheit und Angst, Verlust und Wandel hindurch.
Eine Hilfe für Dich, in Heiterkeit und Frieden anzukommen - und einem alle medizinischen Vokabel transzendierenden Wohlbefinden.

Dankbar sein (022-7)

Zu bestimmten Zeiten - beim Zusammenkommen mit seinen liebsten Menschen, beim glatten Segeln in Arbeit und Beziehungen, bei Ehrfurcht erweckenden Erlebnissen in der Natur - entsteht Dankbarkeit ganz leicht. In Zeiten von Schmerzen und Krankheit aber ist es beinahe undenkbar. In diesem kleinen Band wirst Du entdecken, wie und warum dankbar sein so gut, so passend und so wohltuend ist - und zwar immer.

Den Frieden leben (023-5)

Wir sehnen uns nach Frieden in vielen Formen: Nach innerem Frieden, Frieden in Beziehungen, Frieden in unserer Nachbarschaft........ Dieser Elfenhellfer legt uns nahe, daß aller Frieden in unserem Herzen beginnen muß. Und er teilt mit uns die Weisheit, wie man den Frieden im Innern nähren und gegenüber der Welt einen friedvollen Standpunkt einnehmen kann.

Elfenhellfer........beleben....bestärken....beflügeln!

Erlaube Dir zu vergeben (024-3)

Geh darüber hinaus, ein Opfer der Handlungen anderer zu sein und entdecke die Freiheit, die Dein Eigen ist, indem Du Dich für heilsame Vergebung entscheidest. Die 35 befreienden Lektionen dieser "Vergebungs-Therapie" können Dir hellfen, wieder dort zu sein, wo Du - aufs Neue - Dein Leben selbst in der Hand hast, indem Du, statt in Verbitterung zu gehen, die heilende Wahl des Wohlbefindens triffst.

Nimm Dein Leben in die Hand (025-1)

Hast Du manchmal das Gefühl, daß Dein Leben außer Kontrolle kippt? Scheinen andere Leute und Umstände Dein Leben zu bestimmen? Frägst Du Dich nach dem besonderen Sinn und Zweck Deines Lebens? Wenn ja, dann kann Dir dieses "Handbuch" hellfen, Dein Leben wieder auf Kurs zu bringen. Eine einzigartige, vergnügliche und ansteckende Anleitung, das Leben zu lieben und zu leben.

Stille Deine Sorgen (26-X))

Bist Du oft beunruhigt und besorgt, ganz voller Sorgen und Befürchtungen? Keine Sorge! Dieser kleine "Hellfer" kann Dir genau jene Entlastung und Erleichterung bringen, die Du brauchst. Er bietet praktische Hinweise, wie Du Dein Leben "sorgenfest" und "sorgendicht" machen kannst, und weist den Weg zu einem spirituellen "Sich-Ergeben", das zu wahrer Gelassenheit führt.

Sei liebevoll zu Dir

(027-8)

Wir haben zahllose "Du sollst" in unseren Köpfen, aber den meisten von uns fehlt es an genügend sanften nährenden Botschaften für sich selbst. Zu oft kümmern wir uns um andere Menschen, weil wir hoffen, dass sie sich ihrerseits um uns kümmern werden. Aber das funktioniert selten in dieser Weise. Wir müssen selbst für uns Sorge tragen und unseren Gefühlen Beachtung schenken. Wir müssen lernen darauf zu achten, uns selbst mit Liebe und Güte zu behandeln.

Sei sanft mit Deiner Wut

(028-6)

Wut kann eine schmerzhafte und machtvolle Emotion sein, die mit sich bringt, dass man sich hilflos und überwältigt fühlt. Hier gibt es in klarer und unwiderstehlicher Sprache einen Wegweiser zum effektiven Umgang mit Wut. "Sei sanft mit Deiner Wut" zeigt, wie Du Deine Wut loslassen, abschließen und auflösen kannst. Du erzeugst eine positive Verwandlung ihrer Energie und lernst dabei viel über Dich selbst.

Elfenhellfer für Teenager-Eltern

(029-4)

Irgendwann um die Zeit, wenn Dein Kind dreizehn wird, bemerkst Du, daß die Person, die Du von klein auf aufgezogen hast, plötzlich ein Fremder ist - ein TEEN-Ager.
Dies ist ein Mini-Handbuch, das Dir Geschick und Strategien vermittelt, wie Du durch diese schwierige Passage navigieren und sie - mit Genuß und Freude - überleben kannst.

Elfenhellfer.....und das Leben lächelt Dir zu!

Sich selbst wertschätzen (030-8)

Selbstwert ist mehr als ein Gefühl der Selbstsicherheit und reicht ins Herz der eigenen Identität. Sie bekräftigt, dass Du - gerade so wie Du bist - angenommen und liebenswert bist. Ohne entsprechende Selbstwertschätzung empfindet man ein schmerzhaftes Gefühl des Nicht-in-Ordnung-seins und innerer Leerheit. Dieser Elfenhellfer-Band zeigt auf, wie die Macht, dein verwundetes Selbstwertgefühl zu heilen, in Dir selbst ruht.

Älter werden, weiser werden (031-6)

Wir werden alle älter. Wir können diese Situation als mit Gefahren und Verfall befrachtet sehen, oder voller Versprechen und Möglicheiten. In diesem Büchlein hellfen die Zwelfen, die Bedeutung und die Mission der älteren Jahre zu entdecken - Lektionen von Stärke, von Langlebigkeit und reichen Früchten.

Nicht vergessen: Man ist nur einmal alt!

Aus Depression auferstehn (032-4)

Wir haben als Kinder gelernt , unsere Schuhe zu binden und Rad zu fahren, aber die Kniffflichkeiten und Komplikationen im Umgang mit Emotionen wurden uns nicht gelehrt - insbesondere bei Hoffnungslosigkeit und Traurigkeit. Dieser Elfenhellfer unterstützt Dich, mit einem Blick ins eigene Herz und in die eigene Seele - wie auch bei anderen - Hilfe zu finden.

Die Musik in Deinem Leben (033-2)

"Wenn Musik Nahrung für die Liebe ist, spiele weiter" schrieb William Shakespeare. Und Musik mit Nahrung und Liebe zu verbinden ist ein weiteres Beispiel für das Genie des Barden. Musik hat schließlich - wie Nahrung - das Vermögen, unseren Hunger zu stillen wie unserer Freude und Sehnsucht sowie Bedauern und Trauern und schierem Vergnügen Ausdruck zu verleihen. Und wie die Liebe kann Musik unsere Herzen berühren und uns Menschen und Orte und Ereignisse bewusst werden lassen, die sich unserem Leben mit süßen wie traurigen Melodien eingeprägt haben.

Feine Eltern sein (ISBN 3-85466-034-0)

Die meisten von uns wissen nicht, worauf sie sich einlassen, wenn sie Eltern werden. Sowohl die Verantwortung als auch der Lohn erweisen sich als viel größer, als wir erahnen. Hier gibt es "Support" für die beträchtliche Herausforderung, liebsorgende, verantwortliche und effektive Eltern zu sein. Der Lohn: Mehr Liebe und Freude, als wir jemals wussten, dass unser Herz sie fassen kann.

Auch Scheidung ist heilbar (035-9)

Aber es erfordert großen Einsatz, denn schließlich bewegt sich diese Erfahrung von Verlust auf so vielen Ebenen einschließlich des Verlustes zutiefst gehegter Träume. In dieser Zeit eine Mitte zu haben ist von äußerster Wichtigkeit - ein Ort, wo Du und Deine Welt noch okay und grundlegend gut sind. An genau diesem Ort findet Heilung und Wachstum statt.

Elfenhellfer.....Geschenke für ein lichtes Leben!

Du bist nicht allein (ISBN 3-85466-036-7)

Einsamkeit sagt uns, dass etwas aus dem Gleichgewicht ist und dass etwas fehlt in unserem Leben. In diesem Buch findest Du sanfte und praktische Vorschläge, die einen Weg der Erleichterung zeigen. Die gute Nachricht: Es gibt ein Leben jenseits von Einsamkeit. Ein paar Momente alleine mit dieser Einsamkeits-"Therapie" und du wirst erkennen, dass Du, wenn Du suchst, auch finden wirst: Du wirst entdecken, dass Du überhaupt nicht alleine bist!

Ruhestand, der glücklich macht (037-5)

Sich auf die neuen Umstände vorbereiten, sich an sie anpassen und das Beste aus ihnen machen: Hier finden sich pro-vokative und praktische Fingerzeige in Sachen, wie man aktiv bleibt, wie man weiter wächst und was man in Zeiten von Stress oder Angst oder Verlust am besten tun kann. Die eigentliche, laute und klare Botschaft ist: Dies ist ein gute Zeit, um Neues zu beginnen.

Die natürlichste Therapie: Natur (038-3)

Natur heilt. Indem sie uns erfreut und inspiriert, indem sie uns nährt und für uns sorgt und uns schlußendlich dazu bringt uns mit ihr zu befassen, macht das Um und Alles der Schöpfung sein therapeutisches Werk an unseren abgespannten, ermüdeten, gebrochenen oder überstressten Personas. Möge dieser Elfenhellfer bewirken, dass wir die Natur mit neuen Augen sehen und ihrer mit erneuertem Herzen gewahr sind. Wir bedürfen der Schönheit so sehr wie des Brotes.

Weitere bald erscheinende Elfenhellfer

Beherztsein im Alltag

An sich selbst glauben

Wahrhafte Weihnachten

Schenke Dich: Dein größtes Geschenk

Heilung dem Helfer

Wenn Dein Herz schwer ist

Bewußt Essen tut gut

Im Leiden Sinn erfahren

Finde Dein Gebet

Als Mann zu seiner Trauer stehn

Mit Schmerzen zurechtkommen

Mit schwierigen Leuten Umgang finden

Göttliches Urvertrauen

Mutter werden

Elfenhellfer für Kids

.....DAMIT ES DEN KINDERN GUT GEHT!

Traurig sein ist okay! *(ISBN 3-85466-039-1)*

Ein Trauer-Begleitbuch für Kinder, die einen Verlust erleben

Wenn Mama und Papa sich trennen *(-040-5)*

Ein Erste-Hilfe-Buch für Kinder

Wütend sein ist okay! *(ISBN 3-85466-041-3)*

Ein Kinderbuch über zornige Gefühle

Anderen mit Achtung begegnen *(-042-1)*

Sei so mutig, Dich zu kümmern, zu teilen und fair zu sein

Folgende weitereTitel erscheinen im Herbst 2006:

Damit die Schule cool bleibt - Ein Kids-Führer zum Handhaben von Schulproblemen; **Ich bin froh über mich** - Ein Kids-Buch über Selbstach-tung; **Wenn Du krank bist oder im Spital** - Heilende Hil-fe für Kinder; **Wenn Oma oder Opa stirbt** - Ein Kinderführer zu gutem Trauern;

DIE "WIR-WISSEN-WEITER" KINDERBÜCHER im Kinder-Großformat je 38 Seiten.

Ein Elfenhellfer Selbsthilfebuch

Die natürlichste Therapie: Natur

Die meisten Elfenhellfer Selbsthilfebücher wurden auf
chlorfrei gebleichtem
HANF-PAPIER
aus Hanfschäben gedruckt – eine österr. Weltneuheit.
Eine Tonne Hanfpapier erspart das Fällen von zwölf
ausgewachsenen Bäumen: und ein einziger Hektar
Hanf bringt auf Dauer die mindestens 4-fache Menge
Papier wie ein gleich großer Wald.

Die natürlichste Therapie: Natur

Elfenhellfer Nr. 39
Titel der Originalausgabe: Nature Therapy

Übersetzt von Sylvester Lohninger
Gedruckt in Österreich und Deutschland

A - 2770 Gutenstein, Blättertal 9
1. Auflage 2006
ISBN 978 3-85466-038-3

Ein Elfenhellfer Selbsthilfebuch

Die natürlichste Therapie: Natur

Verfasst von
Ted O'Neal
Illustriert von
R.W. Alley

Edition LebensTraum
im Sequoyah Verlag

Vorwort

„Ein jeder", so hat uns der Naturalist John Muir einst erinnert, „bedarf der Schönheit so sehr wie des Brotes." Und er meinte: „Wir brauchen Plätze, an denen man spielen und an denen man beten kann, wo die Natur uns zu heilen und aufzumuntern vermag und Körper und Seele gleichermaßen Stärke schenkt."

Ein Garten oder Hof hinterm Haus ist sicherlich solch ein Ort. Dann aber wiederum kann die ganze Welt der Natur unser Park oder Garten oder Hof sein, wenn wir es mit entsprechenden Augen sehen können. Natur heilt. Dieses kleine Buch über die *natürlichste Therapie der Welt* zeigt, wie alle Schöpfung ihr gutes therapeutisches Werk an uns abgespannten, ermatteten, zerissenen oder überstressten Personen tut – indem sie uns erfreut und ergötzt, uns inspiriert und lehrt, uns mit so vielem versorgt und uns schließlich dazu bringt, sie wirklich zu erleben und uns mit ihr einzulassen.

Mögen die Worte in diesem kleinen Buch Dir hell-
fen, die Natur mit frischen Augen und erneuertem
Herzen und erquickter Seele zu sehen.

1.

Tritt ein in die Wildnis.
Wo immer Du auch bist, sie liegt
direkt vor Dir.